ALT ER EN MUSKEL

Med garanti den hurtigste metode til at få øjeblikkelig kontrol over dit livs mentale, emotionelle, fysiske og økonomiske omstændigheder.

MANDENS LOV

Når der er mad skal du æde.
Når der er tid skal du tænke.
Når der er kamp, skal du nådesløst kæmpe.
For livet og lykken tilsmiler den dristige,
den der er Herre i eget hus.
Og når dit øje ser din kvinde.
Den eneste, eneste ene.
Skal du tilbede,
Elske,
Ære,
og Tjene Hende,
Din Gudinde...

Andre bøger skrevet af forfatteren:
Psykopatens Bibel.
Den Sygeste Børnebog –der nogensinde er skrevet.
ALPHAHANFILOSOFI.
Subjektiv Teleportationsteknik.
Sådan lærer du at leve med en kæmpestor pik.

ALT ER EN MUSKEL

<u>Skrevet af: Kasper. L.S. Knudsen.</u>

<u>*Denne bog dedikeres til KVINDEN...*</u>

Fristende fascination af Disney-øjne,
Og listigt lokkende CocaCola-kurver.
Dit smil og stemme, er vildt og dog mild-
Solopgangens Solsikke der blomstrer,
Og spinder kælent som en Kat.
Din karisma kaster kærtegnende månestråler,
Når du dig sensuelt bevæger, vugger, vrikker og sniger,
Som en Sexet Tiger, dødeligt forførende,
Ved håb om blåt fuldmåneskærs mistelten.

Beundrer diskret på afstand din underskønne skabning.
Forguder, tilbeder og længes,
Under selvhengivende trængsel,
Efter foreningen med dit højerestående væsen,
I romantisk kærlighed og fuldkomment begær.

Til dit dyrebare hjerte gør jeg kurmageri,
Lystfyldte Drømme og udsøgt Fantasi,
Sandhedens hyldest som elskovspoesi.

Du mest Forførende af dem alle ...
Hvordan kunne undgå at falde?

© 2010 Kasper L.S. Knudsen.
Forlag: Books on Demand GmbH, København, Danmark.
Fremstilling: Books on Demand GmbH, Norderstedt, Tyskland.
ISBN 97-88776915162

<u>INDHOLDSFORTEGNELSE</u>

<u>INDLEDNING</u> –Side 6

DET GRUNDLÆGGENDE ABC

A. <u>OM HJERNEN:</u> *Den kraftfulde muskel der skaber verden* –**Side 7**

B. <u>UDGANGSPUNKTET:</u> *Virkelighedens 3 søjler.* –**Side 14**

C. <u>FUNDAMENTET:</u> *Miraklernes Formel.* –**Side 18**

<u>VÆRKTØJSKASSE AF STRATEGIER</u>

1. *Lær at anvende spørgsmålenes kraft optimalt.* –**Side 19**

2. *Prioriter tid og fokus effektivt.* –**Side 21**

3. *Tal til dig selv og andre på en kraftfuld, optimistisk og positiv måde.* –**Side 24**

4. *Der findes ingen fiasko, kun resultater.* –**Side 28**

5. *Vær modig og frygtløs.* –**Side 32**

6. *Målnavigation: Sæt klare mål for hvad du ønsker at opnå, og find vejen.* –**Side 35**

7. *Skab fremdrift og motivation.* –**Side 38**

8. *Skab handlekraft og selvsikkerhed.* –**Side 41**

9. *Hav altid en følelse af, at det er fantastisk at være i live!* –**Side 44**

10. *Bliv hele tiden bedre og bedre.* –**Side 48**

11. *Slet smertefulde minder, og erstat skadelige vaner og mønstre, med den adfærd du ønsker.* –**Side 51**

12. *Der er ingen undskyldninger.* –**Side 54**

Læsestof for de succesfulde og pengene tilbage-garanti –side 55

<u>Bruce Barton sagde:</u>"Intet storslået er nogensinde opnået undtagen af de, der vovede at tro, at noget i dem selv var omstændighederne overlegen."

INDLEDNING

Der er mange selvhjælpsbøger på markedet.

Denne udgave adskiller sig fra de fleste på flere områder.

For det første er tilgangen til den nem og hurtig.

Den er letforståelig og øjeblikkeligt anvendelig.

Alt "fedtet" er skåret væk, og tilbage står du med det værktøj der i praksis har bevist dets værdi igen og igen.

Det værktøj der giver dig det største udbytte og er det mest effektive, set i forhold til den tid og indsats der kræves for at anvende det.

Det er effektive strategier til at strukturere handling, for at opnå det man vil.

For det andet er bogen kun halvt færdig. Den er ufuldstændig forstået på den måde, at det er dig der skal færdiggøre den ved at udfylde den med de ting, som har relevans for netop dig i dit liv, lige her og nu.

<u>I selv samme øjeblik du gør det</u>, da begynder den at have effekt på dit liv.

Strengt taget, er dette altså ikke en bog!

Det er mere et kompas der hjælper dig med at finde den retning i livet som vi kalder formål.

Det er en arkitekttegning og en kasse fuld af værktøj, som du kan bruge til at bygge det palads der kaldes dit liv.

Det er de entreprenørmaskiner der bygger den vej vi kalder fremtiden, og afmærker de stoppesteder vi kalder målsætninger.

Hvis dette er din tilgang til bogen, så er den praktiske brug af den bog du står med i hånden intet mindre end en formel til succes!

Livet er ikke noget endeligt, før det er forbi. Så længe vi lever, da er det en proces.

På samme måde er brugen af denne bog en proces, hvilket i al sin enkelthed betyder, at den ikke blot skal læses: men genlæses.

Du skal ikke blot skrive den selv en enkelt gang: men genskrive den.

Den skal aktivt bruges som det stykke værktøj den er.

Brug derfor en blyant når du skriver i bogen, så du kan viske ud og genskrive, i takt med at du får brug for det.

<u>Carpe diem!</u>

Grib dagen modigt og beslutsomt, og få så meget som muligt ud af hver eneste dag, uge, måned, år, i hele dit liv. Din tid og dit liv er begrænset, og den største forbandelse er at se tilbage på begge og fortryde alle de ting man ikke fik gjort, alle de muligheder man ikke brugte, alle de chancer man forspildte.

Livet består udelukkende af en serie af øjeblikke, der alle opleves af individet i et her og nu.

HER OG NU I DETTE ØJEBLIK; DETTE ER DET LIV DU IKKE MÅ TØVE MED AT GRIBE.

DET ER <u>NU</u> DU SKAL HANDLE MASSIVT, FOR AT OPNÅ DET DU VIL.

<u>OM HJERNEN:</u> *Den kraftfulde muskel der skaber verden.*

Lad os lige få afmystificeret hjernen en gang for alle: hvad er hjernen?
<u>Hjernen er en muskel.</u>
  Så er den ikke længere.

  Godt nok er det den muskel, der skaber både den verden og virkelighed som individet oplever, såvel som den bevidste oplevelse af verden og refleksionen over den, men stadigvæk: det er en muskel.

Men hvis hjernen er en muskel der skaber verden; hvad er verden og virkelighed så?

  Lad os også lige få afmystificeret verden og virkeligheden nu vi er i gang: verden og virkelighed er adfærd.
<u>ALT er adfærd.</u>
Så er den ikke længere.

Adfærd er bevægelse i et mønster.

Selv den måde vi opfatter verden og virkeligheden på er adfærd: det er kognitiv adfærd.

  Adfærd forudsætter bevægelse.

  Selv noget så uhåndgribeligt som en tanke forudsætter en form for bevægelse, i og med at neurale netværk skal aktiveres for at frembringe tanken, og dette gøres igennem synapser i hjernen, som er overførsel af elektro-kemiske impulser, som igen er en form for bevægelse.

  Alt er altså adfærd; al adfærd forudsætter bevægelse, og al bevægelse kommer fra hvad?... <u>Muskler.</u>

Der er ikke en mere passende analogi eller begreb, som er til at forstå for enhver, end begrebet muskler.

  Det er – som vi skal se – samtidigt også det mest anvendelige i betydningen funktionelle.

  Hjernen er altså den muskel der frembringer alt hvad vi forstår ved virkelighed og verden, vores oplevelse af disse, samt den adfærd i tanke, følelse og handling, som vi bruger til at begå os i denne verden.

At betragte alle hjernens funktioner ud fra det perspektiv at de repræsenterer forskellige slags muskler, indebærer underforstået følgende to væsentlige fordele:

1. Du har kontrol over deres funktion, eller har tilladt dem at fungere på den måde, som de gør lige for tiden. Det er altså noget der kan forandres, hvis resultatet ikke er som du ønsker.

2. Du kan forbedre deres funktion igennem aktiv og målrettet træning.

Hvordan træner man hjernen?
Vi starter med forståelsen af et citat:

<u>**Orison Swett Marden sagde**</u>: "Begyndelsen til en vane er som en usynlig tråd. Gentager vi handlingen, styrker vi tråden og tilføjer fiber efter fiber, indtil den bliver et tykt kabel som uigenkaldeligt holder os fast i tanke og handling."
Hvis vi omskriver dette citat en smule, så er det et perfekt udgangspunk for hjernetræning:

<u>**Kasper L.S. Knudsen omskrev og siger:**</u> "Begyndelsen til en vane eller indlært adfærd, i både tanke, følelser og handling, er som en tynd muskelfibertråd. Gentager vi den ønskede adfærd, så styrker vi muskelfibertråden og tilføjer flere og flere muskelfibre, indtil den bliver en kraftfuld og energisk muskel, som uigenkaldeligt holder os fast i tanke, følelse og handling."

Hvad menes der nu med: "… uigenkaldeligt holder os fast i tanke, følelse og handling"?

Jo ser i, muskler kan vi bruge bevidst, men de kan også handle refleksmæssigt. Indlærte adfærdsmønstre eller vaner, er musklen der handler refleksmæssigt og ubevidst.

Indenfor NLP(Neurolingvistisk programmering) har man en firepunkts-model for hvordan indlæring virker.

Det er for det første vigtigt at være bevidst om hvordan selve indlæringsprocessen overordnet foregår, men det er også nyttigt at bruge den som målestok for ens fremskridt.

<u>**Firepunkts-modellen for indlæring:**</u>

1. <u>**Ubevidst inkompetence:**</u>
Man gør noget forkert, men man ved det ikke engang selv.

2. <u>**Bevidst inkompetence:**</u>
Man gør noget forkert, og man er godt selv klar over det, men man har endnu ikke løst problemet.

3. <u>**Bevidst inkompetence:**</u>
Man har fundet og lært den rigtige måde at gøre det på, og man gør det rigtigt med stor koncentration.

4. <u>**Ubevidst inkompetence:**</u>
Man behøver ikke længere at tænke over noget eller arbejde på at lære det – man gør det automatisk korrekt.

De første tre niveauer er forbundet med en følelse af både forvirring, frustration og anstrengelse.
Det siger sig selv: man vil jo gerne noget, som man endnu ikke kan.

Disse følelser er naturlige, og det vigtige er at anerkende dem som det de er: motivationsfaktorer, der skal drive en frem. Det vigtige er at kunne håndtere det pres de udgør, uden at give op.

<u>**Arnold Schwarzenegger sagde:**</u> "Hvis man kan gennemleve smerteperioden, kan man også blive mester. Hvis man ikke kan klare den, kan man lige så godt glemme det. Og det er det, de fleste mangler – modet til bare at gøre det, modet til at sige: "Jeg er ligeglad med, hvad der sker."

De fleste der ikke gennemfører tingene, stopper fordi de ikke kan håndtere disse følelser. Fordi de ikke er villige til at gennemleve smerteperioden. Disse mennesker kommer aldrig til at mestre noget. De har altid en god undskyldning for at give op.

De holder op før de har nået deres mål, eller også formår de ikke at improvisere og ændre strategi når noget ikke virker.

Hvis du blot ikke giver op, men fortsætter til du når niveau 4 i indlæringen, da mestrer du færdigheden. For at gå fra mester til ekspert, for til stadighed at forbedre sig på det ubevidste niveau, så må man hele tiden stille sig selv følgende spørgsmål:
Hvad gik godt?
Hvad gik ikke godt?
Hvordan kan jeg gøre det bedre næste gang?

På denne måde veksler man imellem niveau 3 og 4 i en cyklus af selvforbedring. Så langt, så godt.
Lad os nu kigge nærmere på tilrettelæggelsen af træningen og principperne for denne.

<u>**Firepunktsmodellen for træning af Hjernemusklen:**</u>

1. Den adfærd, følelse, eller det tankemønster, som man ønsker at forbedre, indlære eller indføre som vane, det retter man opmærksomhed imod, og prioriterer og afsætter tid til at forbedre. Ligesom man ville ved en hvilken som helst sportsgren.

2. Man fremkalder for eksempel bevidst en følelse, foretager sig en adfærd, eller er bevidst om at tænke på en bestemt måde. Man sørger for at belastningen ved udfordringen ikke er for høj, så man har en følelse af at man kan mestre opgaven og gennemføre. Samtidigt skal det mål eller delmål man har sat sig være så tilpas udfordrende, at det kræver hele ens koncentration at udføre opgaven.

3. Man starter i det små, og langsomt øger man belastningen og sværhedsgraden, imens man er bevidst om på hvilket niveau man befinder sig, og hvordan man kan gøre det bedre og bedre for hver gang.

4. Man træner med korrekt teknik, forstået på den måde, at man har den fornødne viden om hvordan man bedst træner det man ønsker at forbedre.
Principperne er stort set de samme, som man gør brug af indenfor enhver sportsgren.

Hvilke ting her i livet kan man opfatte som en muskel, der kan trænes og forbedres?
<u>**Alt.**</u>
Så er den ikke længere.
Lad os tage nogle eksempler, så du kan se mulighederne i dette:
Hjernens hukommelsesmuskel.

Kontrollerer ens lagring og genkaldelse af ting i hukommelsen.

Hjernens drømmemuskel.
Kontrollerer ens drømme- om de er ubevidste, eller i stedet bevidste klardrømme.
Hjernens emotionsmuskel.
Kontrollerer ens følelsesmæssige tilstande.
Hjernens tænkemuskel.
Kontrollerer ens vanemæssige tankemønster.
Hjernens beslutningsmuskel.
Kontrollerer de beslutninger man tager, og om hvorvidt man bakker beslutningen op med handling.
Hjernens handlingsmuskel.
Kontrollerer ens iværksættelse af handling til udførelsen af en opgave.
Hjernens flow-tilstandsmuskel.
Kontrollerer ens evne til at opnå og bibeholde flow-tilstanden, hvor man leverer optimale præstationer.
Hjernens intuitive muskel.
Kontrollerer ens evne til at opfange de signaler underbevidstheden kommunikerer til en. Ens "fornemmelse" for forskellige ting.
<u>**HJERNENS SANSEMÆSSIGE MUSKLER:**</u>
Hjernens synsmuskel.
Hjernens hørelsesmuskel.
Hjernens følesansmuskel.
Hjernens lugtemuskel.
Hjernens smagsmuskel.
Det er ikke kun selve den sansemæssige opfattelse der kan trænes ved disse muskler, men også evnen til at betragte verden ud fra det perspektiv der tilhører hver sans, genkende dennes mønstre, og opfatte verden i dens termer.

Harvard – professor Howard Gardner er fremkommet med en "multi-intelligens-teori", som i brede kredse er blevet accepteret som et godt og funktionelt klassifikationssystem for intelligens.
   Problemet er blot at ordet "Intelligens" for de fleste mennesker opfattes med den betydning, at det er noget man enten er født med, eller ikke er i besiddelse af. På nøjagtigt samme måde, som mange opfatter "Talent" som noget medfødt.
   Det er klart, at hvis man har denne opfattelse, så blokerer man sig selv på forhånd i nogensinde at gøre fremskridt.
Man er måske ikke fremragende den første gang man prøver noget, og så konkluderer man: "nå, det har jeg nok ikke talent for.", og så opgiver man. Eller også har man den blokerende opfattelse, at man ikke kan forbedre sig væsentligt, fordi man tilsyneladende ikke har "talent" for hvad det nu er man har forsøgt sig med.

Lad mig gøre en ting klart: "Talent", er blot at være veltrænet i en færdighed.
Du finder ikke en eneste person med et såkaldt "Talent", der ikke har afsat massiv tid
og træning, til at opnå den færdighed som vedkommende mestrer.

Når man begår fejl, eller ikke mestrer en færdighed fuldkomment, så betyder det
ikke at man ikke har talent. Det betyder blot at man er inde i et udviklings-og
indlæringsforløb. Jo mere tid og opmærksomhed man afsætter, jo mere man træner
sin færdighed og begår fejl – og lærer af sine fejl! –jo hurtigere kommer man op på
det præstationsniveau hvor andre folk vil betragte en som værende i besiddelse af
"talent".

I stedet for intelligenser, så har jeg derfor valgt at omskrive Gardners
intelligensteori, til en Hjerne-muskel-teori.

Alle disse muskler er du i besiddelse af. Om de er slappe eller veltrænede, det er
udelukkende op til dig.

Lad os kigge kort på dem, så du ved hvad du allerede nu er i besiddelse af, i et eller
andet omfang. Nogle af dine muskler vil ganske givet være mere veltrænede end
andre. Det er i og for sig underordnet. Pointen er, at ved at være sig bevidst at man
har disse muskler, og at det netop ER muskler, så kan man træne dem og forbedre sit
præstationsniveau.

<u>OVERORDNEDE HJERNEMUSKLER</u>

Hjernens sproglige muskel:
Folk med stærke sprogmuskler er gode til at forklare og fortælle, de læser, skriver og
kommunikerer effektivt med ord. De lærer hurtigt fremmedsprog og har "sprogøre".
Folk man kan analysere og efterligne i sin træning af hjernens sproglige muskel, er
Journalister, digtere, forfattere, komikere, talere og debattører.

Hjernens logisk-matematiske muskel:
Folk med stærke logisk-matematiske muskler er i stand til at operere på højt logisk
niveau, at systematisere og kategorisere mønstre, at ræsonnere og beregne.
Man tænker systematisk og logisk.
Folk man kan analysere og efterligne i sin træning af hjernens logisk-matematiske
muskel, er ingeniører, økonomer, videnskabsmænd, revisorer, jurister og detektiver.

Hjernens visuel-rumlige muskel:
Folk med en stærk visuel-rumlig muskel er i stand til at visualisere og se med
fantasien for deres indre øje. De tænker i billeder, og kan visualisere et fremtidigt
resultat. De har en fremragende retnings-og stedsans. De forstår diagrammer og
illustrationer uden problemer.
Folk man kan analysere og efterligne i sin træning af hjernens visuel-rumlige muskel
er arkitekter, kunstnere, billedhuggere, sejlere, fotografer og taktikere.

Hjernens musikalske muskel:

Folk med en stærk musikalsk muskel er gode til at høre mønstre i lyde og samspillet mellem tonearter. De har rytmesans og de forstår at værdsætte musik. De har nemt ved at huske musik og lyde, og kan bruge dem kreativt i nye kompositioner.

Folk man kan analysere og efterligne i sin træning af hjernens musikalske muskel er alle indenfor musikbranchen.

Hjernens kropslig-kinestætiske muskel:

Folk med en stærk kropslig-kinestætisk muskel har god kontrol over deres krop og forstår at være fysisk aktive. Ofte er de praktisk anlagte, har "håndelag", og har brug for at røre ved ting og afprøve dem for at forstå dem. Tit er de meget udendørs og nyder at bevæge sig meget.

Musklen bruges også i den kropslige formidling af følelser og ideer, og produktudvikling og problemløsning hænger også tæt sammen med denne muskel.

Folk man kan analysere og efterligne i sin træning af hjernens Kropslig-kinestætiske muskel er idrætsfolk, fysiske kunstnere som dansere og skuespillere, samt håndværkere og andre der bruger deres krop i arbejdet.

Hjernens sociale muskel:

Folk med en stærk social muskel er typisk gode til at samarbejde, de er empatiske og gode til at relatere til andre og sætte sig i deres sted. De forstår at motivere og inspirere andre, og forstår samtidigt andre menneskers motivationer og mål.

Folk man kan analysere og efterligne i sin træning af hjernens sociale muskel er gode lærere og vejledere, politikere, terapeuter, religiøse ledere og sælgere.

Hjernens selvreflektoriske muskel: (intrapersonlig intelligens/personlig intelligens)

Folk med en stærk selvreflektorisk muskel forstår at hvile i sig selv og har ofte høj selvtillid. Igennem selvanalyse og refleksion forstår de hvad de kan, og især hvad de ikke kan. De er selvsikre og gode til at motivere sig selv, de er som regel disciplinerede og kan lide at arbejde alene, såvel som at være alene i sit eget selskab. De er gode til at analysere og vurdere egne handlinger og færdigheder, såvel som at reflektere over egne motivationer og følelser. De forstår at lægge planer og sætte mål.

Folk man kan analysere og efterligne i sin træning af hjernens selvreflektoriske muskel er blandt andet filosoffer og rådgivere, og de fleste af de mennesker der yder toppræstationer og befinder sig i eliten indenfor deres respektive områder. Ingen bliver en del af eliten uden en stærk selvreflektorisk muskel.

Hjernens naturalistiske muskel:

Folk med en stærk naturalistisk muskel er i stand til at tolke naturen og klassificere dens bestanddele. Det indebærer evnen til at genkende flora og fauna, at forstå økosystemet og at kunne håndtere dyr.

Folk man kan analysere og efterligne i sin træning af hjernens naturalistiske muskel er landmænd, botanikere, biologer, jægere og miljøbevidste mennesker.

Så vidt for hjernens overordnede muskelgrupper.

Men også enhver form for kompleks adfærd kan opfattes som en muskelgruppe, der kan forbedres gennem aktiv og målrettet træning af den som helhed, såvel som dens enkelte bestanddele.

Tænk blot på:

Pengemuskelgruppen:

Ens evne til at akkumulere og håndtere penge.

Involverede muskler: sparepenge-musklen/ prutte i pris-musklen/investere klogt-musklen, osv.

Forførelsesmuskelgruppen:

Ens færdigheder i relation til det modsatte køn.

Involverede muskler: Flirtemusklen/ komplimentsmusklen/ aflæse kropssprogsmusklen. Osv.

Livsglædemuskelgruppen:

Ens evne til at føle livsglæde, såvel som at vække denne følelse i andre.

Involverede muskler: Gøre mig selv glad-musklen/Få andre til at grine-musklen / hvordan kan jeg hjælpe andre-musklen. Osv.

Med andre ord: ALT kan betragtes som værende en "muskel", og fordelene ved at gøre dette, skulle efterhånden være ganske indlysende.

At opfatte og vurdere, såvel som at handle i alting ud fra dette perspektiv, vil for de fleste være en ny og utroligt kraftfuld oplevelse.

Det er et par briller at betragte verden igennem, som er nøjagtigt lige så cool som et par Rayban Aviator.

Derfor:

1. Vær bevidst om alle dine egne og andres forskellige muskler, og brugen af dem.

2. Træn dine muskler korrekt: Brug samme teknik som dem der har store muskler på et område, som du selv ønsker at udvikle. Analyser dem for at finde ud af hvordan de gør, og efterlign dem så i tanke, følelse, adfærd, tro, overbevisning, holdninger og livsregler.

3. Vær konstant opmærksom på hvordan du kan forbedre dine færdigheder i brugen af en muskel, således at du gør konstant fremskridt, og ikke tilbageskridt.

<u>**UDGANGSPUNKTET:**</u> *Virkelighedens 3 søjler.*

1. <u>Hvem?</u> – der befinder sig <u>Hvor?</u> – og <u>Hvornår?</u>
Som føler <u>Hvad?</u> –<u>Hvordan</u> disse følelser fortolkes? –og <u>Hvorfor?</u>
+

2. <u>Hvem?</u> – der befinder sig <u>Hvor?</u> – og <u>Hvornår?</u>
Som tænker <u>Hvad?</u> –<u>Hvordan</u> dette tænkes? –og <u>Hvorfor?</u>
+

3. <u>Hvem?</u> – der befinder sig <u>Hvor?</u> – og <u>Hvornår?</u>
Som gør <u>Hvad?</u> –<u>Hvordan</u> det gøres? –og <u>Hvorfor?</u>

=Et menneskes virkelighed og dets omstændigheder.

Livet og vores oplevelse af det, såvel som selve virkeligheden og eksistensen, er bygget op omkring disse 3 referencepunkter for alle mennesker.
Kend disse, og du kender dig selv og dit udgangspunkt.
Faktum er, at vi hver især skaber vores helt egen personlige opfattelse af virkeligheden gennem vores tro og fortolkninger, ved vores handlinger og reaktioner.
Resten af bogen handler om, hvordan man ud fra sit udgangspunkt finder sig en destination, og kommer derhen.

<u>Arbejdsopgave:</u>

Analyser dit liv og din egen oplevelse af det i tanker, følelser og adfærd, ud fra de 3 søjler, således at du helt klart får defineret dit udgangspunkt.
Giv en beskrivelse af hver af dine søjler nedenunder:

1 Søjle:

(Fortsat fra sidste side.)

2 Søjle:

3 Søjle:

FUNDAMENTET: *Miraklernes Formel.*

Verden er hvad vi gør den til.
Hvad vi tror på er altså helt essentielt her i livet.

E=mc2 ...?
Godt gået Einstein, men jeg skal bruge noget mere jordnært og menneskeligt,
for at skabe resultater i mit liv og gøre ide til virkelighed.
Altså:
(Thoreau + Disraeli) X (Arkimedes + Nietzsche)=Hannibal2

Henry David Thoureau sagde: "Ting forandrer sig ikke; vi forandrer os."
Benjamin Disraeli sagde: "Mennesket skabes ikke af omstændighederne.
Omstændighederne skabes af mennesket."

Al forandring begynder i en selv, og forplanter sig så ud i ens liv og omgivelser som
ringe i vandet.
Hvis du kan forandre dig selv, så kan du forandre dit liv, dine omgivelser – ja hele
verden!

Arkimedes sagde: "Giv mig en tilstrækkelig lang vægtstang og et fast punkt at
stå på. Så skal jeg løfte verden på egen hånd."
Nietzsche sagde: "Den der har et stærkt nok "hvorfor", kan klare næsten
ethvert "hvordan."

Dit faste punkt at stå på er at kende dig selv og dit udgangspunkt, ved at have klarlagt
virkelighedsformlens 3 søjler.
 Din vægtstang er dit "hvorfor" og "hvordan", som klarlægges i resten af denne bog
når du skriver den færdig ved at lave arbejdsopgaverne.

= Hannibal sagde: "Enten finder vi en vej, eller også bygger vi en."

Når først du kender dit udgangspunkt, så kan du sætte kurs imod en destination.
Når du forandrer dig selv ved at træne din hjernes muskler for adfærd, følelser og
tanker, så forandrer du dit livs omstændigheder ved at handle anderledes end på den
måde, der til at begynde med bragte dig disse omstændigheder.
 Og når du har en tilstrækkeligt lang vægtstang i form af "hvorfor", så vil du
automatisk finde dit "hvordan".
Hvis du nu handler massivt og vedholdende, hele tiden lægger mærke til hvad
der virker og ikke virker og lærer af det, samtidig med at du bliver ved med at
improvisere og ændre indgangsvinkel, så resulterer det ALTID i, at du enten
finder en vej til din destination, eller bygger en!

1. *Lær at anvende spørgsmålenes kraft optimalt.*

Spørgsmål styrer hvad vi fokuserer vores opmærksomhed på, og måden vi føler, tænker og handler på.
Stil derfor spørgsmål der giver dig styrke, kraft og energi.
Stil spørgsmål der fokuserer på løsningen af et problem, i stedet for årsagen til et problem.
Man får nemlig altid det man fokuserer på.
   Fokuser derfor opmærksomheden på hvad du vil have, og det er det du får.
Fokuserer du på hvad du ikke vil have, så får du blot mere af netop det, fordi du fokuserer din opmærksomhed på det.
   Sørg for at spørge vedholdende. Udholdenhed er en faktor, der også spiller en stor rolle i spørgsmålenes verden, ganske som det gør i de fleste andre af livets aspekter.
<u>Træn din spørgemuskel!</u>

<u>Arbejdsopgave:</u>
Analyser dit liv for tanker, handlinger og følelser, hvor du fokuserer på problemet i stedet for løsningen, og noter dem ned herunder i punktform.
   For hvert af disse punkter skaber du nu spørgsmål som fjerner dit fokus fra selve problemet og i stedet retter din opmærksomhed imod problemets løsning.
   Det skal være spørgsmål, der er formuleret på en sådan måde, at det vækker en følelse af styrke, kraft og energi i dig.
   Gør det nu til en vane, at bruge denne type spørgsmål som en konsekvent og integreret del af dit liv.

(Fortsat fra sidste side.)

2. *Prioriter tid og fokus effektivt.*

Brug altid 90 procent af din tid, energi og tankevirksomhed, på at fokusere på løsningen, og kun 10 procent på at vurdere selve problemet.

Stil spørgsmål der fokuserer opmærksomheden på løsningen af et problem, i stedet for årsagen til et problem.

Og sørg for at fokusere på de punkter, hvor din indsats giver det største udbytte/har størst effekt.

Træn din prioriteringsmuskel!

Spørg:
Hvad skal jeg vide, for at løse dette problem?

Hvordan skal jeg føle, for at løse dette problem?

Hvordan skal jeg tænke, for at løse dette problem?

Hvordan skal jeg handle, for at løse dette problem?

Hvilke mennesker har jeg brug for at være i kontakt med, for at løse dette problem?

Hvad har jeg brug for at have, for at løse dette problem?

Hvilke ressourcer er jeg i besiddelse af, som jeg kan anvende til at løse dette problem? –genstande/netværk/personlige karaktertræk/økonomisk. osv.

Hvad er de fantastiske muligheder ved dette problem?

Hvad er jeg parat til at gøre, for at få det jeg ønsker?

Hvordan kan jeg vende dette problem til en fordel?

Hvilken løsning er den bedste?

Er jeg produktiv, eller er jeg blot aktiv?

Hvor skal jeg koncentrere min tid og energi, for at være mest effektiv, og opnå det største udbytte? (Fokuser på de 10-20 procent der virkelig betyder noget.)

Hvad skal jeg koncentrere min tid og energi på, for at være mest effektiv, og opnå det bedste resultat? (Fokuser på de 10-20 procent der virkelig betyder noget.)

Arbejdsopgave:
Noter herunder de største problemer i dit liv.

Bearbejd dem derefter med ovenstående spørgsmål, og skrid til handling!

(Fortsat fra sidste side.)

(Fortsat fra sidste side.)

3. *Tal til dig selv og andre på en kraftfuld, optimistisk og positiv måde.*

Når du taler til dig selv og andre, så brug altid ord og sætninger, der er så positive og kraftfulde som muligt.

Bevidst at vælge konsekvent at være optimistisk og positiv giver enorm livsglæde. Konsekvent at bruge ord man føler er fulde af energi og positiv kraft, er en enorm styrke. Læg mærke til hvilke ord der gør dette.

Hvilke ord og sætninger, får dig til at føle styrke, selvtillid og selvværd, kraft, energi og motivation?

Hvilke ord og sætninger, får de mennesker du kommunikerer med, til at føle styrke, selvtillid og selvværd, kraft, energi og motivation?

Vær opmærksom på hvordan du bruger dit sprog, for du oplever verden præcis den måde, som du formulerer din fortolkning af din oplevelse af verden.

Virkelighed er oplevelse, og formulering er fortolkning.

Vær også opmærksom på hvilke følelser og tanker du vækker i andre mennesker, med dit sprog og den måde du kommunikerer på.

<u>Træn din kommunikationsmuskel!</u>

<u>Arbejdsopgave:</u>

Beslut dig for at ændre dit sprog.

Analyser den måde du normalt taler på, og erstat de mest negative og intetsigende ord og udtryk, med nogle som vækker en kraftfuld følelse af optimisme i dig, og noter dem herunder.

Brug din spørgemuskel til at afdække disse.

(Fortsat fra sidste side.)

Lav en brainstorm efter ord og udtryk, som du ikke normalt bruger, men som vækker
en kraftfuld følelse af optimisme i dig, og noter dem herunder.
Brug din spørgemuskel til at afdække disse.

(Fortsat fra sidste side.)

4. *Der findes ingen fiasko, kun resultater.*

Hvad der end sker, så har du medvirket til at frembringe resultatet.
 Hvis du derfor får et resultat som du ikke ønsker, så spørg dig selv: Hvordan kan jeg lære af dette resultat, så jeg kan gøre det bedre næste gang?
 Hvordan kan jeg lære af dette problem, så det aldrig gentager sig?
 Vær bevidst om hvilke tanker, følelser og handlinger, der frembringer bestemte resultater, i det både du og andre gør.
 Når du frembringer et resultat som du er tilfreds med, så efterlign din fremgangsmåde næste gang du ønsker at producere det samme resultat igen.
 Hvis du ønsker at producere de samme resultater som andre mennesker, så analyser deres fremgangsmåde i tanker, følelser og handling, og efterlign dem.
 Og vær aldrig bange for at spørge hvordan de gør.
<u>Træn din resultatmuskel!</u>
<u>Træn din efterligningsmuskel!</u>

<u>Arbejdsopgave:</u>
Hvilke resultater du selv har frembragt, vil du gerne kunne frembringe i fremtiden?
Analyser dig selv og noter din fremgangsmåde frem nedenunder.

(Fortsat fra sidste side.)

Hvilke resultater som andre mennesker har frembragt vil du gerne selv kunne frembringe?
Analyser deres fremgangsmåde i tanker, følelser og handlinger, og noter herunder hvordan de gjorde.

(Fortsat fra sidste side.)

5. *Vær modig og frygtløs.*

Vær modig og frygtløs nok til at blive afvist af andre, til at føle frustration og gennemleve smerteperioden, til at begå fejl og til at fortsætte uanset hvad.

Giv aldrig op, for hvor der er vilje og fantasi er der en vej.

<u>Husk:</u> Hvis du ikke kan finde en vej, så bygger du en!

Og alt hvad der virkelig er værd at vinde, er værd at kæmpe for.

Målsætninger, er ting vi opnår.

Et formål, er noget vi gør.

<u>Træn din modighedsmuskel!</u>

<u>Træn din målsætningsmuskel!</u>

<u>Træn din formålsmuskel!</u>

<u>Arbejdsopgave:</u>

Stil dig selv følgende spørgsmål, og noter svarene ned:

Hvad vil du med dit liv? –Overordnet formål og målsætninger?

Hvem vil du være?

Hvad vil du stå for?

Hvad er dine værdier og hvad tror du på?

Hvordan vil du gerne leve dit liv?

Svar på disse spørgsmål så konkret og præcist som muligt, og berør alle aspekter ved dit liv.

(Fortsat fra sidste side.)

(Fortsat fra sidste side.)

6. *Målnavigation: Sæt klare mål for hvad du ønsker at opnå, og find vejen.*

Når du sætter et mål, så skal det altid være et som vækker en følelse af kraft, energi og motivation. Det skal være et du føler dig inspireret og stærkt motiveret imod at opnå.

Hold fast ved målet, indtil du har opnået det.

Sørg altid for at tage det første skridt på vejen imod målet, den samme dag som du sætter det og træffer beslutningen om at nå det.

Forestil dig regelmæssigt hvordan det vil være at nå målet, nyd følelsen på forhånd, og brug denne til at drive dig til at tage det næste skridt på den handlingens vej som du skal tage, for at nå målet.

<u>Træn din målnavigationsmuskel!</u>

<u>Fokusering:</u>

Hvad er det helt præcis, at du ønsker at opnå?

Hvor lang tid vil det tage, at nå dit mål? – forestil dig, at du allerede har nået dit mål, og at du går skridt for skridt baglæns i alle de handlinger der har bragt dig frem til målet, indtil du befinder dig der hvor du er nu. Hvor lang tid ville det cirka tage?

Hvordan kan du vide, at du har opnået dit mål?- formuler nogle regler der afgør det.

Hvordan skal du tænke, føle og handle, for at opnå dit mål?

Hvad forhindrer dig i at have det du ønsker lige nu?

Hvilke andre mennesker har opnået det du ønsker, og hvordan gjorde de?

Hvad er det næste du skal gøre, for at komme tættere på at nå dit mål?

<u>Husk:</u> at hvis dit mål og din beslutning er ægte, så indebærer det, at du handler for at opfylde den. Dine handlinger må konstant afspejle, at du oprigtig har besluttet at nå dit mål.

<u>Arbejdsopgave:</u>

Sæt dig nogle mål, og noter dem ned.

Bearbejd dem ved at fokusere på et mål ad gangen, imens du bearbejder dem som beskrevet i fokusering ovenover.

Når du har et klart billede af hvad du skal gøre for at opnå dit mål, så gå i gang med at handle. Hvis du på et tidspunkt rammer et dødt punkt hvor du ikke kan komme videre, så vend tilbage og bearbejd dit mål igen og improviser og find en ny taktik, så du igen har et klart billede af hvad du skal gøre. Gå så igen i gang med at handle. Fortsæt på denne måde indtil du har opnået din målsætning.

<u>Målsætninger:</u>

(Fortsat fra sidste side.)

(Fortsat fra sidste side.)

7. *Skab fremdrift og motivation.*

Inden du begynder på en opgave eller foretager en forandring, så skab energi og fremdrift ved at spørge dig selv: HVORFOR du vil gøre dette?

Opgaven eller forandringen kan både være den måde du tænker, føler og handler på, såvel som de livsomstændigheder du lever under. Det omfatter en hvilken som helst forandring du måtte ønske at opnå.

Hvis du har nok Hvorfor-grunde, så løser hvordan-problemerne sig selv.

Find derfor så mange Hvorfor- grunde som muligt, og så følelsesmæssigt stærke grunde som muligt.

Træn din fremdriftsmuskel!

Arbejdsopgave:

Noter de områder af dit liv ned i punktform, hvor du for øjeblikket vil foretage en forandring.

Dette kan både være i form af at opnå en målsætning, ændre adfærd, ændre følelser, eller ændre tanker.

Stil dig følgende spørgsmål til hvert af punkterne, og noter svarene ned:

HVORFOR vil du føle dig fantastisk succesfuld, hvis du gør dette, hvis du foretager denne forandring? Hvad vil du opnå ved at gøre det?

HVORFOR føler du smerte og ubehag, så længe du endnu ikke har gjort dette, så længe du endnu ikke har foretaget denne forandring? Hvad mister du allerede nu, ved ikke at have foretaget denne forandring? Hvad går du glip af?

Punkt for forandring:

Hvorfor-grunde:

(Fortsat fra sidste side.)

<u>Punkt for forandring:</u>

<u>Hvorfor-grunde:</u>

<u>Punkt for forandring:</u>

<u>Hvorfor-grunde:</u>

(Fortsat fra sidste side.)

<u>Punkt for forandring:</u>

<u>Hvorfor-grunde:</u>

<u>Punkt for forandring:</u>

<u>Hvorfor-grunde:</u>

8. *Skab handlekraft og selvsikkerhed.*

Tænk først på mindst 3 oplevelser i dit liv, hvor du har haft stor succes. Det skal være minder, der vækker en stærk og intens følelse af succes og selvsikkerhed i dig.
  Skab derefter et billede eller en film for dit indre øje, som du oplever på samme måde sansemæssigt i dit sind som disse tre minder; et billede eller en film hvor du betragter dig selv imens du:
  SER dig selv klare en fremtidig opgave med selvsikkerhed, og føler dig fuld af handlekraft og energi.
  FØLER stolthed ved at vide, at du kan klare opgaven.
  HØR hvordan folk anerkender det du gør.
  Gør billedet så klart og tydeligt og detaljeret, stort og tæt på, som muligt, så det vækker så stor handlekraft og energi i dig som muligt. Skab billedet, så det ligner et af dine 3 minder om succes. Start forfra og skab billedet 7-8 gange, og for hver gang så gør det en lille smule bedre, så du får en stærkere og stærkere følelse af selvsikkerhed, energi og handlekraft.
  Tænk på billedet inden du går i gang med en opgave, for at skabe en **stærk og kraftfuld tilstand** i dig selv.
  Husk disse forskellige billeder og film du skaber, og fremkald dem i dit sind når som helst du har brug for at føle dig kraftfuld og selvsikker.
  <u>**Træn din muskel for kraftfulde tilstande!**</u>

<u>Arbejdsopgave:</u>
Følg instruktionerne som beskrevet ovenover, og giv derefter dine kraftbilleder eller film et navn/titel, og noter dem nedenunder, så du har dit eget katalog af disse:

(Fortsat fra sidste side.)

Lav herunder en liste over alt hvad der vækker stærke og kraftulde følelser i dig, som du kan fokusere på når du har brug for at vække disse følelser i dig. Tilføj eventuelt en eller flere af disse ting, til de film og billeder du har skabt ovenover.
  Listen kan bestå af alt fra scener i film til yndlingsmusik og yndlingsfarve, til minder om tidligere succesoplevelser, specielle symboler, citater eller fantasiforestillinger.

(Fortsat fra sidste side.)

9. *Hav altid en følelse af, at det er fantastisk at være i live!*

Spørg dig selv:

1. Hvad gør mig lykkelig i mit liv lige nu?

2. Hvad kunne jeg gøre, for at føle mig lykkelig i mit liv lige nu?

3. Hvad er jeg taknemmelig for i mit liv lige nu?

4. Hvilke mennesker elsker jeg, og hvad er det som jeg elsker ved dem?

5. Hvilke mennesker har brug for mig?

6. Er der nogen, som jeg har brug for at tilgive?

7. Hvad giver mig mest glæde i mit liv lige nu?

8. Hvilke positive ting har livet bragt mig?

9. Hvordan har jeg hjulpet mine medmennesker?

10. På hvilken måde er jeg et fantastisk og enestående menneske, som verden har brug for?

<u>Træn din muskel for livsglæde!</u>

<u>Arbejdsopgave:</u>

Noter dine svar på disse spørgsmål herunder.
Husk også at formulere dig i ”fordi…”-svar, hvor det er muligt.

1.

2.

3.

4.

5.

6.

7.

8.

9.

10.

10. *Bliv hele tiden bedre og bedre.*

Vær altid opmærksom på hvordan du konstant kan forbedre dig i alt hvad du gør.
Spørg dig selv: Hvordan kan jeg gøre dette bedre?
  Hvad gjorde jeg godt, og hvad kunne jeg gøre bedre næste gang?
  Hvad skal jeg fokusere på for at forbedre mig mest muligt lige nu?
<u>Træn din muskel for konstant forbedring!</u>

<u>Arbejdsopgave:</u>

Find en række områder i dit liv, som du for øjeblikket vil fokusere bevidst på at
forbedre. Noter dem nedenunder, og stil derefter ovenstående spørgsmål, og noter de
tilhørende svar.

(Fortsat fra sidste side.)

(Fortsat fra sidste side.)

11. *Slet smertefulde minder, og erstat skadelige vaner og mønstre, med den adfærd du ønsker.*

Neural programmering for begyndere.

Har du haft smertefulde oplevelser i dit liv, som til stadighed piner dig?
Har du en dårlig vane eller et mønster som skader dig, og som du har brug for at bryde og ændre?
Tit og ofte er det de følelser som disse vækker, der blokerer og bremser os, og holder os tilbage.
Det er på tide at forandre dette!
Gør det ved at forandre mindet om situationen eller oplevelsen i din hukommelse.

A: Forestil dig nu den smertefulde situation, den dårlige vane eller mønsteret der skader dig.
Betragt den for dit indre øje, som var det en film eller et billede.
Gennemse filmen en gang fra start til slut, for at bemærke hvad der skete, og som er smertefuldt at tænke på eller huske. Eller for at bemærke, hvilken vane eller mønster der skader dig.

B: Tag nu denne oplevelse, og lav den om til en tegnefilm.
Lav om på farverne, indsæt sjove tegneseriefigurer der foretager sig skøre ting, og lav om på personer og omgivelser så de får dig til at grine. Giv folk æselører og elefantsnabel, girafhals, løvehale, og sjove farver og mønstre i ansigtet.
Lav filmen så humoristisk og overdrevet som overhovedet muligt. Spol nu denne nye film, som du har skabt, frem og tilbage 8-10 gange. Bevæg billedet op og ned, til siden og frem og tilbage.
Imens du gør dette, så hør noget af dit yndlingsmusik for dit indre øre.

C: Tænk nu igen på den smertefulde oplevelse eller situation, og læg mærke til, hvordan du har det nu.
Hvis du har forandret mindet grundigt nok, er de følelser som mindet vækker ved at du tænker på det blevet forandret fuldstændigt.
Imens du nu betragter oplevelsen uden smerte, så spørg dig selv: ”Hvordan har det at komme igennem denne oplevelse gjort mig stærkere?
”Hvad kan jeg lære af dette?”

Hvorfor fungerer denne metode?

Fordi alle vores følelser stammer fra de billeder og minder, som vi fokuserer på i sindet og på de lyde og stemninger, vi forbinder med disse bestemte billeder.
Ved at ændre billederne, mindet, lydene, farverne, stemningen og handlingen, så ændrer man også sine følelser.

Som hovedregel, så føler man intenst det, som man i sit sind forestiller sig tæt på, stort, farvestrålende, lysende og klart. Det som giver dig gode følelser, skal du forestille dig i dit sind på denne måde, og opleve som om du ser igennem dine egne øjne. Derved forstærker du billedet og den følelse det vækker, og skaber samhørighed med det.

På samme måde så føler man kun svagt det, som man i sit sind forestiller sig langt væk, lille, sløret, i sort og hvid, mørkt og udetaljeret. Det som giver dig dårlige følelser, skal du forestille dig i dit sind på denne måde, og opleve som om du ser dig selv som skuespiller i en film. Derved svækker du billedet og de følelser det vækker, og distancerer dig fra det.

D: Hvis det var en dårlig vane eller et mønster, som tidligere har skadet dig, som du vil ændre, så tænk nu igen på den situation du har forandret forestilling af i dit sind.

Hvilke tanker, følelser og adfærd, vil du erstatte den dårlige vane eller mønsteret der skader dig med?- det skal erstattes med et eller andet, der er bedre, for at du ikke falder tilbage i samme mønster eller vane igen.

Skab derfor et billede eller en film af hvad du ønsker dig i stedet for, som erstatter den gamle vane eller mønster. (**Gør dette ved at gennemgå kapitel 7** *skab fremdrift og motivation*+**8** *skab handlekraft og selvsikkerhed.*)

Luk nu øjnene og fremkald den film eller det billede af den uønskede vane eller mønster. Gør filmen eller billedet af den uønskede vane og det skadelige mønster så uklart, sløret, mørkt, langt væk og lille som muligt.

Fremkald nu pludseligt og voldsomt den kraftfulde film eller billedet af den nye adfærd du ønsker at erstatte den gamle med, så det erstatter filmen eller billedet af det du ønsker at ændre.

Føl den kraftfulde følelse du nu får af den nye forestilling der erstatter den gamle. Åbn så øjnene og vent et øjeblik.

Gentag denne procedure 7-8 gange, og nu vil den situation hvor du tidligere havde en skadelig vane eller mønster, automatisk fremkalde den nye og ønskede adfærd i stedet for, som så vil erstatte den gamle.

Træn din neurale programmeringsmuskel!

Arbejdsopgave:

Skriv ned hvad du vil bearbejde, forbedre og forandre på denne måde, så konkret og specifikt som muligt.

(og gør det så!)

(Fortsat fra sidste side.)

12. *Der er ingen undskyldninger.*

Det grundlæggende ABC samt disse 12 punkter er stærkt og kraftfuldt værktøj og strategier, som du kan bruge til at forandre dit liv.

Der er intet mystisk eller kompliceret ved det, det er mentalt værktøj man kan lære at bruge til at styrke sine muskler(og husk at alt er muskler), på samme måde som man kan lære at bruge en hammer, en sav eller en skruetrækker.

Det er arbejdsredskaber, som du kan bruge til at kultivere dit sinds have, på samme måde som man kan forme en smuk have med skovl og rive og hækkesaks.

Lær derfor dette værktøj at kende. Gennemgå det igen og igen, indtil du kan huske dem udenad.

Brug dem igen og igen og øv dig på både små og store ting i dit liv, indtil det føles helt naturligt at bruge dem, og du gør det automatisk som en refleks.

Genlæs denne bog som du selv har skrevet gennem arbejdsopgaverne, igen og igen. **Al viden og færdighed kommer af massiv repetition og praktisk anvendelse. <u>Sæt et kryds her, for hver gang du repeterer denne bog og dens værktøjer:</u>**

Det tolvte og sidste stykke værktøj, er, at der ingen undskyldninger er.

Det er ikke vores omstændigheder og situation i livet, der afgør om vi er lykkelige og føler glæde ved livet eller ej.

Det er hvordan vi vælger at fortolke vores omstændigheder og situation i livet, der afgør om vi føler glæde eller smerte.

Om vi bruger og udnytter de muligheder vi har i vores liv, eller begrænser os selv, afgøres på samme måde af om vi finder på dårlige undskyldninger for intet at gøre, eller gode grunde til at handle og foretage en forandring.

Det største problem i verden er, at de fleste mennesker ikke ved og forstår, at intet problem er så stort eller komplekst at det er umuligt at ændre, hvis blot man fokuserer konsekvent på at finde en løsning, og sætter massiv handling ind på at forandre situationen.

Tag kontrol over dit liv, grib din skæbne og form din fremtid.
Beslut dig for, at du fra nu af er parat til at gøre hvad der end kræves, for at udnytte dine muligheder fuldt ud, og opnå alt hvad du er i stand til her i livet.

Når du er parat til fuldt ud at forpligte dig til denne beslutning, så besegl løftet med en bindende underskrift:

Navn   **Dato**   **Sted**

LÆSESTOF FOR DE SUCCESFULDE

Timothy Ferris: 4 – timers arbejdsuge. Drop 9-5, lev hvor du vil, og bliv rig på en ny måde.

Anthony Robbins: Væk din indre gigant/+ Ubegrænset kraft.

Neil Strauss: Spillets regler. Stylelife Challenge. Lær at mestre spillet på 30 dage.

Colin Rose og Malcolm J. Nicholl: Accelereret indlæring. Gør det at lære til en leg.

Poul R. Scheele: Fotolæsning.

Stephen Laberge: Lucid Dreaming.

Roger Dawson: Få success i forhandlinger.

Henrik Fexeus: Lær at læse tanker. Hvordan du forstår og påvirker andre, uden at de mærker noget.

Harvey Reese: How to license your million dollar idea: everything you need to know to make money from your new product idea.

Disse bøger har inspireret mig til at bedre min egen livskvalitet, og ændre mine omstændigheder.

Det er med andre ord her, at jeg har tyvstjålet al min viden.

Desuden har jeg lige smidt et par ekstra bøger ind på listen, som kan bruges til at bedre ens livsomstændigheder. Bøger der ligesom denne præsenterer kraftfulde værktøjer og strategier, som øjeblikkeligt kan bruges til at forbedre ens livskvalitet og omstændigheder.

Hvis du låner/køber disse bøger, og tilegner dig de færdigheder der står beskrevet deri, så vil alene denne liste være prisen værd på denne bog.

Personlige notater